32,175

M. DE RAYNAL
PRÉSIDENT

M. TARDIF
CONSEILLER-RAPPORTEUR

M.
AVOCAT GÉNÉRAL

# COUR DE CASSATION.

## CHAMBRE DES REQUÊTES.

# CONSULTATION

POUR

# M<sup>ME</sup> V<sup>E</sup> VAUZELLES ET CONSORTS

CONTRE LA

## COMPAGNIE DES HOUILLÈRES DE SAINT-ÉTIENNE

L'avocat à la Cour de cassation soussigné :

Consulté par madame veuve Vauzelles et consorts, sur le mérite du pourvoi qui aurait été formé par la compagnie des Houillères de Saint-Étienne contre un arrêt rendu, à leur préjudice et au profit des exposants, le 5 août 1874, par la Cour d'appel de Lyon,

Après avoir pris connaissance du jugement de première instance et des autres documents du procès, est d'avis que le pourvoi doit être rejeté.

## FAITS.

En 1823, une demande en concession de mines avait été adressée à l'administration par MM. le Baron de Rochetaillée, Théollière du Treuil, Joseph Gilibert et Mathieu Barlet : tous domiciliés en la commune d'Outre-Furens.

Le périmètre de la concession demandée se trouvait assis dans la commune d'Outre-Furens et comprenait des terrains qui étaient la propriété de madame veuve Praire, auteur des demandeurs.

Comme cette dame aurait pu faire opposition et concurrence aux demandeurs, en sollicitant pour elle-même la concession, il intervint entre elle et eux, à la date du 23 décembre 1823, une convention qui fut déposée aux minutes du notaire Deladret et dont nous croyons devoir reproduire ici le texte.

« MM. de Rochetaillée et consorts déclarent qu'ils renoncent à se prévaloir, à jamais, vis-à-vis de madame Praire et de ses successeurs ou ayants droit, de la concession dont ils sont en demande collectivement ou individuellement, d'un périmètre sis en la commune d'Outre-Furens, pour extraire la houille, dans laquelle se trouvent comprises les propriétés de madame Praire, pour, par celle-ci, user et disposer à perpétuité, librement, sans aucune exception, à son profit, et par tous les moyens qu'elle jugera les plus convenables, de toutes les mines qui sont dans ses propriétés, en remplissant néanmoins, sous sa responsabilité personnelle, toutes les mêmes obligations qui leur seront imposées par l'acte de concession.

« En conséquence, elle pourra, sans aucune réclamation de leur part, de quoi ils la garantissent, exploiter ou faire exploiter les mines de houilles, comme bon lui semblera, soit comme subrogée pour cette partie aux droits des concessionnaires, soit autrement, sans autre charge que celle des impôts dont ses exploitations deviendront passibles envers le gouvernement; et M. de Rochetaillée et consorts promettant de n'y apporter jamais aucun obstacle, mais, au contraire, de l'aider de tous leurs moyens, dans toutes les réclamations qu'elle fera pour ouvrir des exploitations, lui promettant même de les former en leurs noms et de signer au besoin, reconnaissant absolument que c'est, sous ces conditions, que madame Praire s'est abstenue de former demande en concurrence et de former opposition à leur dite demande en concession et même de se prévaloir de celle qu'elle aurait faite.

« MM. de Rochetaillée et consorts veulent que ces engagements, qu'ils considèrent, au surplus, comme un engagement d'honneur, soient respectés par leurs héritiers ou ayants droit, dans tous les temps, nonobstant les dispositions de la loi qui pourraient devenir contraires ; et si, contre toute attente et la teneur des présentes, il pouvait arriver que les concessionnaires exploitassent les mines de houille de madame Praire, ils seront tenus, indépendamment des dommages-intérêts auxquels donnerait lieu l'inexécution du présent acte et la perte de ses droits pour former alors opposition ou pour concourir pour la concession, de lui payer la redevance que la loi attribue aux propriétaires de la surface, d'après une estimation d'experts convenus à l'amiable ou nommés d'office par la justice, eu égard à la puissance des mines, à sa profondeur et aux autres circonstances qui influent sur le produit des exploitations. »

En résumé, comme on le voit, par ce traité, madame veuve Praire, tout en consentant à laisser MM. de Rochetaillée et autres comprendre dans leur demande en concession les terrains houillers dépendant de son domaine, situé en la commune d'Outre-Furens, stipulait, comme prix de son abstention et de son consentement, la réserve alternative, ou bien d'exploiter elle-même pour son compte et sous le nom des concessionnaires, et à ses risques et périls ;

Ou bien, au cas où elle leur abandonnerait l'exploitation ou qu'ils exigeraient cet abandon, de se faire payer *la redevance attribuée par la loi aux propriétaires de la surface d'après une estimation par experts convenus à l'amiable.*

C'est cette dernière hypothèse qui s'est réalisée.

Le 1er mars 1824, entre madame veuve Praire et MM. Joseph Gilibert et Mathieu Barlet, deux des demandeurs en concession, qui figuraient à l'acte du 23 décembre 1823, nouveau traité aux termes duquel madame Praire « concède à MM. Gilibert et Barlet le droit d'exploiter, jusqu'à épuisement total, toutes les couches ou masses de charbon de terre qui existent sur la superficie de la partie méridionale du tènement en pré dépendant de son domaine du Marais, situé en la commune d'Outre-Furens, ladite partie de la contenance d'environ 380 ares, joignant du matin et midi, etc.

« Sous les charges, clauses et conditions suivantes :

« Art. 1er. — Les sieurs Gilibert et Barlet commenceront l'exploitation etc.

« Art. 2. — Ils se conformeront en tout, aux lois et règlements sur les mines etc.

« Art. 3. — En considération et pour prix de ladite concession, lesdits sieurs Gilibert et Barlet délivreront, à l'orifice des puits, tant que l'exploitation durera et jusqu'à épuisement des trois premières couches, à madame Praire, la 8ᵉ benne de toutes celles qui seront extraites ou, au choix de cette dernière, la 9ᵉ benne seulement, mais en argent, au prix moyen du charbon qui sera vendu, tant dans cette exploitation, que dans celle la plus rapprochée de M. Javin.

« Et, en outre, de l'une ou de l'autre de ces redevances, au choix exclusif de madame Praire, les sieurs Gilibert et Barlet lui remettront, chaque année, la quantité de 50 bennes de charbon de *Chaplé*, à compter du moment qu'ils commenceront à se servir de dix ares de terrain sur lesquels ils pourront ouvrir un puits, et ce pendant tout le temps qu'ils l'occuperont, et aux époques qu'elle les voudra.

« Art. 4.....

« Art. 5. — Lorsque la 3ᵉ masse ou couche et celles supérieures auront été entièrment exploitées et épuisées, les sieurs Gilibert et Barlet feront sonder la profondeur de la 4ᵉ masse, de manière à pouvoir en reconnaître la puissance, et conviendront ensuite avec madame Praire de la redevance qu'ils lui devront pour cette masse.

« Dans le cas où l'on ne pourrait pas tomber d'accord ( ici on stipule, pour ce cas, soit l'exploitation en commun, soit la subrogation de madame Praire aux droits des concessionnaires). »

Par trois ordonnances royales du 4 novembre 1824, les concessions demandées par MM. de Rochetaillée, Théollière du Treuil, Gilibert et Barlet leur furent accordées :

A M. de Rochetaillée, la concession dite du Cros ;

A M. Théollière, celle du Treuil ;

A MM. Gilibert et Barlet, celle de la Roche.

C'est dans le périmètre de cette dernière concession que se trouvait, sauf une fraction insignifiante qui faisait retour dans le périmètre de la concession Cros, la totalité du domaine de madame Praire, notamment le tènement de 380 ares, objet du traité du 1ᵉʳ mars 1824, et que ce traité avait fait rentrer par anticipation dans les mains des concessionnaires.

L'art. 3 de chacune de ces ordonnances reproduit ou s'y réfère, l'art. 5 des clauses et conditions générales qui a régi jusqu'en 1842, toutes les concessions de mines dans le bassin de la Loire.

Il est ainsi conçu :

« Les dispositions du tarif ci-dessus, (c'est le tarif qui détermine le taux légal de la redevance à payer aux propriétaires de la surface), seront applicables, losqu'il *n'existera pas de conventions antérieures entre le concessionnaire et les propriétaires de la surface.*

« S'il existe de pareilles conventions, elles seront exécutées, pourvu toutefois qu'elles ne soient pas contraires aux règles qui seront prescrites, en vertu de l'acte de concession, pour la conduite des travaux souterrains et dans les vues d'une bonne exploitation.

« Dans le cas opposé, elles ne pourront donner lieu entre les parties intéressés qu'à une demande en indemnité. »

Aux termes d'un nouveau traité, en date du 17 octobre 1836, passé entre M. Deville, déjà intéressé depuis plusieurs mois dans la concession de la Roche obtenue par Gilibert et Barlet, et la dame veuve Praire; celle-ci cède audit M. Deville le droit d'exploiter jusqu'à épuisement total, toutes les couches de houille existant sous la partie de son domaine du Marais, situé en la commune d'Outre-Furens, qui se trouve comprise dans l'étendue du périmètre de la concession Roche et de celle de M. de la Rochetaillée, sous la réserve néanmoins de la partie de 380 ares de ce même domaine déjà concédée aux sieurs Gilibert et Barlet par ce traité sus-référé du 1ᵉʳ mars 1824.

« A cet effet, madame veuve Praire subroge M. Deville, en tous ses droits noms, raisons et actions sur les couches de houille dont il s'agit et à la concession de la Roche, dans les limites des traités du 23 octobre 1823 et 1ᵉʳ mars 1824, etc.

« Art. 5. — La redevance à laquelle a droit la dame veuve Praire, comme propriétaire de surface en vertu des clauses générales de la concession sur toutes les couches de houille qui seront exploitées, est et demeure fixée savoir : à la 6ᵉ benne de tous les produits bruts qui seront extraits dans la 3ᵉ couche dont il est question dans l'art. 1ᵉʳ du traité du 1ᵉʳ mars 1824, et dans celles supérieures, si toutefois elles sont exploitées et jugées exploitables, et à la 8ᵉ benne seulement, pour les couches inférieures, à quelque profondeur qu'elles soient rencontrées et quelle que soit leur puissance, etc.

« Art. 8. — Madame veuve Praire se réserve l'effet du traité du 1ᵉʳ mars 1824, pour l'exploitation des 380 ares concédés aux sieurs Gilibert et Barlet, et, par suite, le bénéfice des art. 1, 2, 3, 4, 6 et 7 de ce traité, etc. »

En cet état, les concessionnaires ont formé deux sociétés distinctes pour l'exploitation du Tréfonds de madame veuve Praire.

1° — La société dite de la Roche, formée par actes du 27 mai et 5 août 1837, entre MM. Deville, Demarest, E. Barlet et divers, pour l'exploitation de ces tréfonds, dans le périmètre des 380 ares ;

2° — La société, dite *du Chêne*, constituée le 30 janvier 1838, par J.-B. Deville et ses concessionnaires, pour exploiter les tréfonds qui avaient fait l'objet spécial du traité du 17 octobre 1836.

Cette séparation a pris fin le 27 septembre 1838, par la formation de la société dite *Outre-Furens* qui a réuni sur sa tête les deux sociétés dont on vient de parler et par suite, la propriété entière de la concession.

L'acte qui opérait cette fusion portait la date du 29 septembre 1838, Rambaud notaire, et contenait ce qui suit :

« L'exploitation des mines de la *Roche* et celle dite *du Chêne*, l'une et l'autre situées en la commune d'Outre-Furens, sont et demeureront associées à partir du 1ᵉʳ septembre 1838 ; en conséquence, les *droits*, actions, *charges et bénéfices des deux Compagnies* sont et demeureront communs à compter dudit jour, et elles ne formeront plus qu'une seule Société, sous la dénomination *d'association des mines d'Outre-Furens*. »

Il était expressément stipulé dans cet acte que la société *des mines de la Roche*, apportait avec sa concession, telle qu'elle avait été octroyée à MM. Gilibert et Barlet, *son traité d'extraction avec madame veuve Praire, pour une prairie de la contenance de 40 méterées, soit 4 hectares environ dans la concession de la Roche ;*

Que la société du *Chêne*, outre diverses autres valeurs, apportait à la nouvelle société le droit d'exploitation qui lui avait été concédé par ladite dame Praire, aux termes de l'acte du 17 octobre 1836, dans tout ce qu'elle s'était réservé par l'acte du 1ᵉʳ mars 1824.

La Compagnie des mines de la Loire a succédé aux droits et aux charges de la Compagnie d'Outre-Furens.

Et enfin, la Compagnie des Houillères de Saint-Etienne, demanderesse en cassation, se trouve aujourd'hui au lieu et place de la Compagnie des mines de la Loire, et, par suite, de celle d'Outre-Furens, de la société de la Roche, de la société du Chêne et des premiers concessionnaires, et tenue, envers madame veuve Praire, des mêmes engagements.

Il est constant au procès que les redevances stipulées dans les divers actes ci-dessus analysés, ont été régulièrement servies à madame veuve Praire ou à ses héritiers par toutes les Compagnies, qui se sont successivement transmis la concession de la Roche, même par la Compagnie demanderesse en cassation, jusqu'en 1857, époque où l'exploitation a été interrompue.

Son refus de payer date de 1867, époque où l'exploitation a été reprise, et il a continué jusqu'au moment du procès, avec cette observation, toutefois, qu'il n'a porté que sur la redevance stipulée en 1836 avec Deville, et nullement sur celle qui avait fait l'objet du traité du 1er mars 1824.

C'est dans cette situation, que le 23 octobre 1873, les exposants, en leur qualité d'héritiers ou ayants cause de madame veuve Praire, ont assigné la société anonyme des houillères de Saint-Etienne devant le tribunal de cette ville, soit « par le motif que cette société a depuis plus de 6 ans, par les puits Saint-Louis, Achille et Saint-André, ouvert des chantiers d'exploitation sous le fonds des demandeurs, sans les en avoir même prévenus, comme la loi lui en faisait une obligation ; que la plupart de ces exploitations, sinon la totalité, ont eu lieu dans la concession de la Roche et dans le périmètre dont il est parlé dans l'acte du 17 octobre 1836 ; que, malgré leurs instantes réclamations, les demandeurs n'ont pas obtenu que la redevance à laquelle ils ont droit sur les extractions faites par la Compagnie, leur soit payée par elle au taux fixé par les traités sus-rappelés.

« Voir prononcer que la société des houillères de Saint-Etienne sera tenue de fournir dans la huitaine du jugement à intervenir, l'état des redevances revenant aux demandeurs sur les extractions opérées par elle dans chaque périmètre de leur tréfonds, au taux fixé par les traités sus-rappelés, à peine d'y être contrainte, jusqu'à concurrence d'une somme de 100,000 francs.

« Subsidiairement, que, par experts convenus ou nommés d'office, il sera procédé à la vérification des livres de travaux de la Compagnie, pour établir les quantités de charbon extraites et les redevances à eux dues sur ces extractions, au taux fixé par les traités, pour, ensuite, la Compagnie être condamnée au payement desdites redevances, avec intérêts du jour de la demande et aux dépens de l'instance. »

Sur cette assignation, la société des houillères de Saint-Etienne, a mis en cause MM. de Rochetaillée, propriétaires de la concession du Cros qui avaient figuré avec MM. Théollière du Treuil, Gilibert et Barlet à la convention de 1823.

Devant le tribunal, les exposants ont repris les conclusions de leur exploit introductif.

La société des Houillères a conclu à ce qu'il plût au tribunal : « tant par fin de non recevoir, exception de nullité, défaut de ratification valable, exception de garantie qu'autrement, déclarer les héritiers Praire irrecevables dans leur demande ; en conséquence, les en débouter et les condamner aux dépens. »

MM. de Rochetaillée ont conclu « à ce qu'il plût au tribunal, prononcer que la société de Saint-Etienne est non recevable et en tout cas mal fondée dans sa demande en garantie, qu'en conséquence elle en est déboutée et condamnée aux dépens :

26 juillet 1873, jugement ainsi conçu :

« Attendu qu'avant d'examiner la valeur juridique de l'acte du dix-sept octobre 1836, il y a lieu de rechercher s'il est opposable à la société des houillères de Saint-Etienne, contre qui les consorts Praire en réclament l'exécution ;

« Attendu que la société d'Outre-Furens, seul auteur connu des houillères de Saint-Etienne, représentait uniquement, comme l'indique l'acte de transaction passé devant M⁰ Laval, notaire à Lyon, le trente juillet 1844, MM. Gilibert et Barlet, concessionnaires primitifs et la société formée le vingt-sept mai 1837, par MM. Deville-Dumarest et Barlet ;

« Attendu que, évidemment, l'acte de mil-huit-cent trente-six n'est pas opposable aux houillères de Saint-Etienne du chef de MM. Gilibert et

Barlet; Qu'en effet s'il est dit dans l'acte que M. Deville est intéressé dans la concession obtenue par MM. Gilibert et Barlet, c'est par simple énonciation et pour expliquer comment M. Deville a eu connaissance du traité intervenu entre ceux-là et madame Praire le quatre novembre 1824; que M. Deville n'y stipule ni en qualité de concessionnaire, qualité qui ne lui appartient pas, ni même comme intéressé à la concession, qu'il n'acquit que postérieurement, le quinze novembre 1836, les droits des héritiers Gilibert;

« Attendu que l'acte de 1836 n'est pas opposable non plus aux houillères de Saint-Etienne du chef de la société primitive Deville-Dumarest et Barlet ; Qu'en effet il résulte des articles 4 et 5 combinés de l'acte de Société, que les parties ne mirent en commun que les traités intervenus directement entre elles et les consorts Gilibert et Barlet ;

« Attendu, d'autre part, que soit avant soit après l'acte de société de 1839, il est intervenu des actes établissant que les droits et obligations du traité de 1836 ne furent point apportés à la Société par Deville ; Qu'un mois avant le vingt-huit avril 1835, il avait vendu les 3|4 du bénéfice de l'acte de 1836, à MM. Pine-Desgrange, Jourjon et Albert; Que deux mois après la fondation de la Société, le quinze juillet 1837, il céda à l'association civile des actionnaires, représentée par MM. Charvet et Berlier diverses valeurs et notamment les 3|6 qu'il avait dans une exploitation dite du Chêne et dépendant de la concession de la Roche; qu'en troisième lieu l'instance judiciaire qui eut lieu en 1839 et 1840 entre Mme veuve Praire, d'une part, et la société du Chêne et M. Deville, de l'autre, prouvent que ceux-ci continuaient encore, aux yeux de Madame veuve Praire elle-même, une personne distincte de la société d'Outre-Furens, auteur immédiat des houillères de Saint-Etienne ;

« Attendu qu'en réponse à cette argumentation on oppose que M. Deville a signé, sinon personnellement, du moins par des co-intéressés se portant fort pour lui dans la transaction de 1841, et que les houillères de Saint-Etienne qui exploitent sous la propriété de Madame veuve Praire, sont nécessairement soumises à l'acte de 1836, parce que le droit d'exploiter sous cette propriété, n'a pu leur être transmis qu'avec ses charges originelles ou résultant d'actes publics ;

« Attendu que l'acte de 1841, le contrat de transaction dont il a été parlé, ne règle que l'exécution du traité de 1824 et non celle du traité de 1836; que si l'intervention de Deville dans cette transaction, a été utile, ce n'est point à raison du droit aujourd'hui litigieux ; c'est uniquement à raison d'un autre droit cédé à Deville en 1836, celui que Madame veuve Praire s'était réservé par le contrat de 1824, article 5, de reprendre en certain cas l'exploitation des couches inférieures sous les 380 ares objet de la transaction, droit que Deville, lui-même s'était réservé plus tard, le vingt-huit avril 1837, en revendant les 3|4 de ce que Madame veuve Praire lui avait cédé ;

« Attendu enfin que si la société des houillères de Saint-Etienne exploite aujourd'hui tout ou partie de la propriété des consorts Praire, même en dehors des 380 ares, elle puise directement dans les actes de concessions le droit d'agir ainsi, et qu'elle n'a nul besoin pour cela d'invoquer des cessions ou rétrocessions du droit d'exploiter, actes d'ailleurs que l'on ne produit pas et dont la valeur est douteuse ;

« Attendu en un mot qu'il n'est nullement établi que les houillères de Saint-Etienne aient succédé aux obligations résultant pour Deville de l'acte de 1836; qu'ainsi il n'y a pas lieu d'examiner la validité, la nature de cet acte, ni la garantie invoquée contre MM. de Rochetaillée ;

« Par ces motifs, le Tribunal jugeant en matière ordinaire et premier ressort,

« Déboute les consorts Praire de leur demande en principal et dit qu'il n'y a lieu de statuer sur leur demande en garantie, les condamne en tous les dépens. »

Les héritiers Praire ont interjeté appel de ce jugement devant la Cour de Lyon, contre la compagnie des houillères qui a, elle-même, intimé MM. de Rochetaillée auxquels elle a fait ultérieurement signifier un désistement.

Les appelants, après avoir soutenu que les premiers juges avaient commis une erreur matérielle, en ne reconnaissant pas que la société des houillères était aux lieu et place de Deville, et justifié leur soutien par la production d'une série d'actes qui ne permettent pas le doute sur ce point,

Ont conclu devant la Cour :

« Statuant, tant sur la fin de non-recevoir admise par les premiers juges, que sur les divers moyens de nullité proposés, au fond, par la Compagnie des houillères ;

« Dire et prononcer qu'il a été mal jugé et rejeter comme mal fondée la fin de non-recevoir accueillie par le tribunal et déclarer que la Compagnie des houillères est liée, du chef de la Compagnie d'Outre-Furens et de J. B. Deville, ses auteurs, par les traités des 23 novembre 1823 et du 17 octobre 1836.

« Déclarer valables lesdits traités ;

« Ordonner en conséquence qu'ils continueront à recevoir leur exécution, toutes les exceptions et moyens de nullité proposés par la Compagnie étant rejetés ;

« Dire que la Compagnie des houillères de Saint-Etienne devra payer les redevances revenant aux consort Praire, sur les extractions opérées dans leurs tréfonds, d'après la taxe du traité du 17 octobre 1836 ;

« Dire en outre que, par des experts convenus ou nommés d'office, il sera procédé à la vérification des livres et travaux de la Compagnie pour établir la quantité de charbon extraite dans les tréfonds des appelants, les redevances dues sur ces extractions devant être réglées d'après les bases sus indiquées ;

« La compagnie condamnée, dès à présent, au payement de la somme qui sera fixée par les experts et, en outre, aux dépens de l'instance. »

Les conclusions de la compagnie tendaient à ce qu'il plût à la Cour ;

« Rejetant l'appel des consorts Praire et confirmant au fond le jugement,

Dire,

1° Que la demande des consorts Praire est irrecevable.

« En ce sens que la Société des houillères n'exploite pas dans leurs tréfonds, comme cessionnaire de Deville, mais comme étant aux droits des cessionnaires primitifs Gilibert et Barlet, et que, d'ailleurs, les actes dont excipent les appelants leur étant étrangers, ils ne peuvent être opposés par eux à la Compagnie intimée ;

« 2° Que cette demande est surtout mal fondée, parce que les actes du 22 novembre 1823 et du 17 octobre 1836, sur lesquels elle est basée sont radicalement nuls, art. 6 et 1131 c. civil ;

« Que la nullité dont ils sont entachés est radicale et absolue, d'ordre public et ne saurait être couverte par aucune ratification ;

« Qu'en fait ces actes n'ont jamais été l'objet d'une ratification quelconque dans les conditions de l'art. 1338 et spécialement pour le Cros et le Treuil ; aucun fait d'exécution n'a même été allégué ;

« 3° Que l'acte du 17 octobre 1836 est spécialement nul, comme constituant le double morcellement des mines de la Roche et des mines du Cros et que la Compagnie intimée ne pouvant être légalement mise en possession de la chose vendue dans le Cros, elle est bien fondée à refuser de payer le prix, c'est-à-dire, la redevance demandée (art. 1603 et 1653.)

« Qu'enfin, c'est à tort que les appelants prétendent que l'acte de 1823 contient une obligation alternative, et que l'art. 5 du cahier des charges de 1824 suffirait au besoin à le valider.

« Qu'il est certain, en effet, que, par la vente d'une fraction du Cros à Deville, Mme Praire a protesté à l'avance contre l'hypothèse d'une obligation alternative ; que l'art. 5 ne vise que les traités relatifs aux redevances, et non ceux ayant pour objet la cession partielle ou le fractionnement d'une concession de mine. Et que, dans tous les cas, l'interprétation dudit art. 5 étant de la juridiction administrative, la Cour devait surseoir à statuer sur ce point, jusqu'à ce que le gouvernement eût interprété ledit article ;

« Qu'ainsi, à tous les points de vue, les consorts Praire doivent être déboutés de leur demande... etc. »

MM. de Rochetaillée ont demandé acte de ce que la Compagnie abandonnait le procès à leur égard.

Sur ce, le 5 août 1874, arrêt ainsi conçu.

La Cour,

« Considérant qu'en mil huit cent vingt-trois au moment où se préparait le travail des concessions à faire dans le bassin houiller de Saint-Étienne, diverses personnes étaient en instance devant l'administration pour obtenir les concessions qui plus tard devaient recevoir les noms de concessions du Cros, concession du Treuil et concession de la Roche ; que, propriétaire dans le périmètre de ces concessions d'une vaste étendue de terrain, la dame Praire était en passe de réclamer elle-même la préférence, ou tout au moins de se présenter sur un pied d'égalité avec les autres prétendants ; que, pour écarter cette concurrence, les aspirants aux concessions, savoir : Monsieur le baron de Rochetaillée, Monsieur Thiollière du Treuil, et les sieurs Gilibert et Barlet firent avec elle un traité aux termes duquel, pour prix de son abstention, ils renoncent en sa faveur, à l'entière exploitation du charbon, sis sous ses propriétés, ajoutant qu'ils considèrent cet engagement comme un engagement d'honneur que leurs héritiers ou ayants droit devront respecter en tout temps et de plus sous la condition, au cas où Madame Praire ne pourrait exploiter elle-même, d'un équivalent à lui fournir au moyen soit de dommages-intérêts, soit de redevances à fixer à dire d'experts ;

« Considérant que les droits procédant à la dame Praire de ce traité ont été plus tard, moyennant redevances, à un taux autre que le taux légal, cédés par ladite dame Praire au sieur Deville, lequel les a lui-même transportées, par acte du vingt-trois septembre mil huit cent trente-huit, à la Société concessionnaire de la Roche, qui prit alors le nom de Société d'Outre-Furens ;

« Considérant qu'au moyen de cet acte, le fractionnement qu'opéraient les traités précédents cessa d'exister, et que, dès lors, toute l'exploitation se trouva concentrée aux mains d'une Compagnie chargée, au lieu de Deville, de payer à la dame Praire les redevances auxquelles celui-ci s'était obligé ;

« Considérant que ces redevances successivement servies, d'abord par la Compagnie d'Outre-Furens, ensuite par la Compagnie des mines de la Loire et finalement par la Compagnie des houillères de Saint-Étienne elle-même, sont aujourd'hui refusées par cette dernière Compagnie sur le double motif : 1° qu'elle ne serait pas tenue des obligations de Deville ; 2° que l'obligation aurait sa source dans une convention entachée d'une nullité d'ordre public ;

« Sur le premier point, considérant qu'au moyen des justifications apportées au procès, il n'est plus contesté actuellement que la Compagnie ne tienne le lieu de Deville et que, de ce chef, dès lors, il est nécessaire de réformer le jugement ;

« Sur le second point :

« Considérant qu'il n'est point contestable que la convention originairement intervenue avec la dame Praire ne fût annulable, en tant du moins qu'elle conférait à cette dame le droit d'exploiter une partie de la mine ; qu'il n'y a pas à contester davantage le caractère d'ordre public de cette nullité, mais que la question n'est pas là, la Compagnie concessionnaire se trouvant en présence, non plus de la convention par laquelle elle s'était prêtée au fractionnement de la mine, mais de l'obligation de payer une redevance, obligation qu'elle s'est imposée par son traité avec

Deville, et qu'ainsi la question ne porte plus que sur l'appréciation de ce dernier traité ;

« Considérant que quelques difficultés que comportât, quant à sa validité et à ses effets, le traité dont la dame Praire avait transféré le bénéfice à Deville, on ne saurait douter qu'il ne pût fournir la matière d'un engagement valable; que, d'une part, en effet, eu égard à la doctrine qui prévalait alors dans la jurisprudence, il était permis de croire à l'entière légitimité de l'engagement ; que, d'autre part, à défaut de pouvoir tenir cet engagement, quant à la faculté d'exploitation partielle qu'ils avaient concédée, les concessionnaires étaient tenus de dommages-intérêts ; qu'enfin ils étaient sous le poids d'une obligation d'honneur, et que sous ce triple rapport, la convention, bien que nulle en elle-même, fournissait la cause d'un très-légitime engagement ;

« Considérant que la dame Praire aurait pu traiter elle-même ; que si, restée maîtresse des droits que lui conférait la convention, elle s'en fût entendue avec le concessionnaire et les lui eût rétrocédés, soit contre une somme d'argent, soit contre une stipulation de redevances, un traité pareil indubitablement échapperait à toute critique et défierait toute atteinte ;

« Considérant que ce que madame Praire aurait pu faire, Deville, son cessionnaire, l'a fait pour elle ; que, rapportant à la concession tous les droits qu'il tenait de sa cédante, il a stipulé en échange, non-seulement l'obligation de payer à sa décharge les redevances dont il était tenu à l'égard de madame Praire, mais encore pour lui-même, une certaine part d'intérêts ; que ne demandant pas la nullité du traité, en ce qui concerne l'avantage qu'il procure à Deville, et impuissante à l'obtenir, la Compagnie ne peut l'obtenir davantage, en ce qui concerne la stipulation au profit de la dame Praire, stipulation que Deville lui-même ne pourrait plus rétracter aujourd'hui, la dame Praire, par la réclamation qu'elle a faite des redevances, ayant suffisamment témoigné l'intention d'en profiter ;

» Considérant, ces griefs écartés, que la Cour n'a pas davantage à s'arrêter à l'objection tirée de ce que les droits cédés à Deville par madame Praire, se seraient, pour une faible partie, étendus sous la concession du Cros, où la Compagnie des houillères ne peut porter son exploitation, ce qui, pour la partie dont il s'agit, la soumettrait à une éviction ;

« Considérant qu'en traitant avec Deville, en mil huit cent trente-huit, l'auteur de la Compagnie des houillères savait très-bien que le droit d'extraction, qui lui était apporté, débordait pour une très-faible part sur la concession du Cros ; qu'il n'est pas admissible qu'il pût, de ce chef, obtenir ni la résolution du traité, ni même une diminution de prix ; qu'au surplus, c'est à la Compagnie des houillères de voir s'il lui convient de poursuivre contre Deville, soit la résolution, soit la modification du traité intervenu avec ce dernier; mais que tant qu'elle laissera subsister ce traité, elle ne peut retirer à la dame Praire le bénéfice de la stipulation qu'il contient à son profit;

« Qu'aussi bien, il reste douteux encore que la Compagnie ne puisse obtenir d'exploiter le très-faible périmètre dont il s'agit ; que, de plus, n'exploitant pas, elle n'a, de ce chef, aucune redevance à servir à la dame Praire ;

« Considérant que par ses conclusions la Compagnie des houillères demande qu'il lui soit donné acte de son désistement à l'égard de Monsieur de Rochetaillée ; qu'il y a lieu de donner satisfaction à cette demande ;

« Par ces motifs,

« La Cour dit qu'il a été mal jugé par le jugement dont est appel ; émendant, rejette comme mal fondée la fin de non-recevoir accueillie par les premiers juges, et déclare la Compagnie des houillères liée envers les consorts Praire du chef de la Compagnie d'Outre-Furens et de J.-B. Deville ;

« Condamne ladite Compagnie des houillères à payer aux consorts Praire les redevances leur revenant pour les extractions opérées dans leurs tréfonds, d'après le taux du traité du dix-sept octobre mil huit cent trente-six ;

« Dit que par Messieurs le Directeur de l'École des Mines de Saint-Étienne, Lami, ingénieur civil, demeurant à Lyon et Meurget, professeur à l'École des mineurs de Saint-Étienne, experts nommés d'office à défaut par les parties d'en convenir, lesquels prêteront serment devant Monsieur le premier Président du tribunal de première instance de Saint-Étienne, il sera procédé à la vérification des livres et travaux de la Compagnie, pour établir la quantité de charbon extraite dans les tréfonds des appelants, la redevance sur ces extractions devant être réglée d'après les bases sus-indiquées ;

« Donne acte à la Compagnie de son désistement à l'égard du baron de Rochetaillée ;

« Condamne la Compagnie en tous les dépens, et ordonne la restitution de l'amende.

« Prononce au profit de maîtres Munier et Ducreux, avoués, la distraction de leurs dépens sur leur affirmation d'en avoir fait l'avance.

« Fait et prononcé en l'audience publique de la première Chambre civile de la Cour d'appel de Lyon, du mercredi cinq août mil huit cent soixante-quatorze, où étaient présents et siégeaient Messieurs Millevoye, premier Président, commandeur de la Légion-d'honneur, Martin, Niepce, Humblot, chevaliers dudit ordre, Salveton, Marcoire, chevalier dudit ordre, et Ollivier, tous conseillers en la Cour, assistés du greffier soussigné.

« En présence de Monsieur Goneste, avocat général.

Tel est l'arrêt attaqué.

## DISCUSSION.

L'arrêt paraît régulier en la forme, il contient un point de fait et de droit ; il constate que les parties ont été entendues en leurs conclusions et plaidoiries, par leurs avoués et avocats, et le Ministère public, en ses réquisitions.

Il a un dispositif et des motifs sur tous les chefs de conclusions.

Les qualités ont été réglées sur opposition, pour M. le premier Président empêché, par le conseiller le plus ancien ayant pris part à l'arrêt.

L'arrêt a été rendu par sept conseillers présidés par M. le premier Président, en présence du Ministère public et avec l'assistance du greffier.

La minute est signée par M. le président et par le greffier.

Il est donc, en tous points, conforme aux dispositions des art. 7 de la loi du 20 avril 1810 et 141 du code de procédure civile.

Irréprochable en la forme, il ne le paraît pas moins au fond : c'est ce que nous allons tâcher de démontrer.

Quel était l'objet de la difficulté jugée par le tribunal de 1re instance de Saint-Etienne et par l'arrêt attaqué, entre les héritiers de madame Praire et la Compagnie des houillères de Saint-Etienne?

Elle était exactement limitée à l'exécution du traité passé en 1836 entre la dame veuve Praire et M. J. B. Deville, par lequel madame Praire cédait à celui-ci le droit d'exploiter jusqu'à épuisement total, toutes les couches de houille de son domaine du Marais, sous le périmètre de la concession de la Roche (outre une petite parcelle sous la concession du Cros), sous la réserve pourtant du ténement des 380 ares déjà par elle abandonnées à Gilibert et Barlet, par le traité de 1824.

La Compagnie des houillères qui exploitait les concessions consenties par la dame Praire dans ses tréfonds, aux termes des deux traités de 1824 et de 1836, se refusait, depuis 1867, à payer les redevances stipulées par madame Praire dans ce dernier traité.

Le motif principal de sa résistance était, en 1$^{re}$ instance, tiré de ce que, disait-elle, elle n'était point, quant à cette exploitation, au lieu et place de J. B. Deville, seul cessionnaire de madame Praire ; qu'elle était par suite étrangère au traité de 1836 sur lequel reposaient les droits de l'exposante ; que celle-ci était sans droit et sans qualité, pour invoquer ce traité au regard de la Compagnie.

Elle ajoutait, il est vrai, mais sans paraître insister beaucoup, que le traité était, d'ailleurs, nul aux termes de la loi du 21 avril 1810 et par suite inopposable.

On a vu que le tribunal de 1$^{re}$ instance, sans examiner ce deuxième moyen et s'attachant exclusivement à la fin de non-recevoir, avait rejeté la demande des héritiers Praire, par le motif « qu'il n'est nullement établi que les houillères de Saint-Etienne aient succédé aux obligations résultant pour Deville, de l'acte de 1836. »

Mais, si, sur l'appel interjeté par les héritiers Praire, la Compagnie a reproduit ce premier moyen, elle n'a pu le soutenir jusqu'au bout, en présence des actes produits par les exposants et qui ne laissaient aucun doute sur ce point : que la Compagnie demanderesse en concession était bien, pour l'exploitation dont il s'agit, aux droits et aux obligations de Deville.

« Considérant, porte, en effet, l'arrêt attaqué, *qu'au moyen des justifications apportées au procès, il n'est plus contesté actuellement que la Compagnie ne tienne le lieu de Deville, et que de ce chef dès lors, il est nécessaire de réformer le jugement.* »

Il y a, comme on le voit, sur ce chef, une constatation et une appréciation souveraines, qui échappent à la censure de la Cour de cassation.

Et nous ajoutons que, si l'appréciation est souveraine, son exactitude ne saurait être contestée en présence des pièces produites.

Il résulte, en effet, des actes authentiques mis sous les yeux de la Cour de Lyon, qu'à partir du 30 janvier 1838, il existait dans le périmètre de la concession de la Roche, comprenant les terrains houillers du domaine de madame veuve Praire, deux sociétés distinctes :

1° La Société proprement dite de la *Roche*, dans laquelle Deville se trouvait intéressé pour plus de moitié, et qui, entre autres tréfonds, exploitait les 380 ares de madame Praire, en exécution du traité conclu par ladite dame avec Gilibert et Barlet, le 1$^{er}$ mars 1824 et dont l'apport avait été fait à ladite Société, aux termes des deux actes qui l'avaient constituée les 27 mai et 5 août 1837 ;

2° La Société *du Chêne* constituée entre Deville et ses cessionnaires, par acte du 30 janvier 1838, et ayant pour objet l'exploitation, de tous les autres tréfonds de la dame Praire, en vertu du traité de 1836 ;

Et que ces deux Sociétés, ayant pour objet l'exploitation de tout ce qui avait été cédé par la dame veuve Praire le 17 octobre 1836, ont fusionné et ont été réunies en une seule sous la dénomination d'*Association des mines d'Outre-Furens*, aux termes d'un acte authentique du 29 septembre 1838,

D'un autre côté, la Compagnie des houillères de Saint-Etienne reconnaît que la Compagnie des mines de la Loire à laquelle elle a succédé, en cette partie, était aux droits et aux obligations de la Compagnie *d'Outre-Furens*.

Il lui était donc impossible de se soustraire au payement des redevances stipulées, au profit de madame veuve Praire, dans le traité de 1836, par le motif qu'elle n'aurait pas succédé aux droits et aux obligations de J. B. Deville.

On comprend donc, très-bien, qu'après avoir soutenu cette thèse impossible devant le tribunal, elle y ait renoncé devant la Cour.

Ceci écarté, son système sur la prétendue nullité du traité de 1836 est-il plus sérieux et plus plausible ?

Voyons !

La thèse de la Compagnie se résume de la manière suivante :

Les actes des 23 décembre 1823 et 17 octobre 1836, sur lesquels est basée la demande en payement de la redevance par les héritiers de la dame Praire, sont radicalement nuls, aux termes des art. 6 et 1131 du Code civil.

Cette nullité ne peut être couverte par aucune ratification et, en fait, il n'y a jamais eu ratification, au moins pour certaines parties de la convention.

Spécialement l'acte du 17 octobre 1836 est frappé d'une nullité radicale, comme constituant un double morcellement des mines de la Roche et des mines du Cros. — D'où l'on conclut que l'obligation de payer la redevance stipulée en vertu de ces conventions, est frappée de nullité comme la convention elle-même.

A cela que répond l'arrêt attaqué ?

Il reconnaît que la convention de 1823, dont nous avons rapporté le texte dans l'exposé de fait, était annulable, comme contenant ou pouvant contenir un morcellement de l'exploitation des mines concédées ; qu'il en serait de même de l'exécution donnée à cette convention par celle du 17 octobre 1836, passée entre la dame veuve Praire et Deville.

Mais il fait remarquer que les choses ne sont pas restées en cet état, que par la réunion de la Société de la Roche (Gilibert et Barlet) et de la Société du gros Chêne (Deville) tous les droits que la dame Praire s'était réservés à l'exploitation de ses terrains, compris dans la concession originaire, *sont venus se confondre dans l'exploitation de la Compagnie d'Outre-Furens*, ensuite, dans *celle des mines de la Loire*, et enfin dans *celle de la Compagnie demanderesse en cassation ;*

Que, dès lors, la question du morcellement des exploitations est étrangère aux débats, où il n'est question que du payement d'une redevance promise et différente de la redevance légale.

Or, dit l'arrêt, il est certain que, si la dame Praire eût elle-même directement consenti l'abandon à la Compagnie d'Outre-Furens, et à celles qui lui ont succédé, les droits qu'elle s'était réservés par l'acte de 1823 et par celui de 1844, elle eut pu valablement faire à son profit la stipulation que fit en son nom et pour elle, en même temps qu'il stipulait pour lui-même, M. Deville son cessionnaire et dont elle entend profiter.

Telle est, en résumé, l'argumentation de l'arrêt attaqué. Cette thèse est-elle juridique ?

Il nous paraît difficile de le contester.

En admettant, en effet, ce qui est fort douteux, que la convention de 1823 qui réservait à madame veuve Praire, l'exploitation de ses terrains houillers, compris dans la concession, fût *annulable*, alors même que l'Administration n'en avait pas proclamé l'inconvénient et les dangers au point de vue de la bonne administration des mines, ce qu'elle n'a jamais fait, qu'en pourrait-on conclure?....

Une seule chose, c'est que non-seulement l'Administration, mais toute personne intéressée, spécialement les concessionnaires primitifs ou leurs ayants cause, pourront s'opposer à tout fractionnement, réclamer la réunion de tous les terrains concédés à leur exploitation, faire cesser toute division, tout ramener à l'unité et, par suite, considérer la convention primitive comme non avenue à cet égard.

Mais, en faut-il conclure que la convention, en tant qu'elle règle les intérêts pécuniaires des parties, sera frappée de nullité par cela même? Non certes! l'annulation de la convention au point de vue du morcellement, qui intéresse seul l'ordre public, n'influe aucunement sur le règlement des intérêts particuliers engagés dans la concession; ces intérêts ne sont point touchés par la disposition du morcellement, surtout lorsqu'ils ont été réglés en vue de la cessation de cet état de choses, comme dans l'espèce.

Il y a, sur ce point, une jurisprudence constante qu'il n'est pas permis d'ignorer ou de méconnaître.

« Attendu, porte un arrêt de la Cour de cassation du 19 février 1850, que, si, en effet l'art. 7 de la loi du 21 avril 1810 contient une disposition d'ordre public de laquelle résulte la nullité des conventions entre les propriétaires d'une mine, en tant qu'elles stipuleraient une vente ou un partage partiel de la concession commune, sans autorisation du gouvernement, il ne s'ensuit pas que *ces conventions soient sans effet entre les parties,* quant à la détermination des intérêts civils plus ou moins inégaux qui pourraient être la conséquence des apports différents de chacun desdits copropriétaires, etc. » S. 1850, 1, 352; arrêts dans le même sens du 18 avril 1853, au rapport de M. Laborie, 1853, S. 1, 635, 10 avril 1856, S. 1856, 1, 502. Or, dans l'espèce, madame veuve Praire ou ses héritiers ou ayants cause, ne viennent point demander à la Compagnie demanderesse l'exécution de la convention de

1823 et la division des exploitations stipulée par cet acte au profit de ladite dame.

La Compagnie demanderesse est en possession de tous les terrains, objet de la convention de 1823, et les héritiers de madame Praire respectent complétement l'arrêté de concession et d'exploitation ; ils se bornent à réclamer le payement de l'indemnité ou de la redevance stipulée dans l'acte de 1823, précisément, dans la prévision du cas où l'exploitation, par une cause quelconque, échapperait au propriétaire, indemnité ou redevance réglée définitivement par le traité de 1836 avec Deville, et régulièrement payée par toutes les Compagnies qui se sont succédé, même par la Compagnie demanderesse jusqu'en 1867.

L'arrêt attaqué a donc fait une distinction fort juridique, lorsqu'il a reconnu que la convention amiable, au point de vue de la division des exploitations, si cette division eût été l'objet de la demande, ne l'était pas au point de vue du réglement des intérêts privés, qui ne tombaient pas sous l'empire de la même prohibition, mais se trouvaient simplement régis par l'art. 1134 du Code civil.

On dit, il est vrai, que l'indemnité réglée en 1836 a pris la forme d'une redevance, et que cette redevance ne pouvait pas plus que le morcellement faire l'objet d'une stipulation, sans l'autorisation du gouvernement.

Mais l'arrêt répond très-bien que Deville, en stipulant de la Compagnie d'Outre-Furens, le payement de l'indemnité ou de la redevance qu'il avait lui-même promise à madame Praire, n'a fait que représenter madame Praire dont il apportait les droits à la Compagnie ; qu'il a, d'ailleurs, stipulé pour lui en stipulant pour elle, et qu'elle a accepté le bénéfice de la stipulation.

Or, il est incontestable, dit l'arrêt, qu'en présence des réserves faites par madame Praire en 1823, et du régime sous lequel était passée la convention, madame Praire aurait pu elle-même, traitant directement avec la Compagnie d'Outre-Furens, faire la stipulation qu'avait faite M. Deville.

Si cette dernière proposition est vraie, quelle qu'ait été, d'ailleurs, la valeur de l'acte de 1836, il est certain que les conditions imposées par Deville à la Compagnie *d'Outre-Furens* et transmises par celle-ci aux mines de la Loire, et ensuite à la Compagnie demanderesse, ne sauraient être rejetés par elle.

Or, cette proposition paraît indiscutable.

En effet c'est en 1823 avant la concession de la Roche, que la dame Praire consentit le traité dont la convention de 1836 et celle de Deville avec la Compagnie *d'Outre-Furens*, ne sont que l'exécution. Mais cette convention et toutes celles de ce genre, remontant à la même époque, ont été prévues et régies par le cahier des clauses et conditions générales de ce temps, annexé aux ordonances de concession de tout le bassin de la Loire, depuis 1825 jusqu'en 1842.

Et l'art. 5, après avoir produit le tableau des redevances à payer aux propriétaires de la surface, porte :

« Les dispositions du tarif ci-dessus seront aplicables, *lorsqu'il n'existera pas de conventions antérieures* entre les concessionnaires *et les propriétaires de la surface; s'il existe de pareilles conventions, elles seront exécutées*, pourvu toutefois qu'elles ne soient pas contraires aux règles qui seront prescrites, en vertu de l'acte de concession, pour la conduite des travaux souterrains et dans les vues d'une bonne exploitation. *Dans le cas opposé, elles ne pourront donner lieu, entre les parties intéressées, qu'à une action en indemnité.* »

Cette clause est trop claire pour qu'il soit nécessaire d'insister sur sa portée.

Il est certain que si les stipulations antérieures ayant pour objet de désintéresser les propriétaires de la surface, sont annulables lorsqu'elles sont contraires à la bonne conduite des travaux souterrains, et aux vues d'une bonne exploitation, elles ne le sont point, lorsqu'elles ne sont pas contraires à un intérêt public, et que, si elles sont annulées, leur inexécution forcée donne lieu à des dommages-intérêts, qui peuvent être prévus et réglés d'avance par la convention, à dire d'experts ou par les tribunaux.

Or, dans l'espèce, jamais la convention n'a été considérée par l'administration comme contraire à la bonne exploitation de la mine ; la Compagnie n'a même jamais allégué au cours du procès aucune prohibition administrative. Et cela suffirait déjà pour faire rejeter le pourvoi aux termes d'un arrêt de la chambre civile du 7 juin 1869, S. 1870, 1, 54.

Mais, en supposant qu'elle fût contraire aux vues de l'Administration et que cela fût prouvé, elle n'aurait été frappée de nullité qu'au point de vue de la séparation des exploitations séparées, et nullement au point de vue de la fixation de la redevance, stipulée pour le cas prévu de la non-exploitation par la veuve Praire.

« Et si, contre toute attente, est-il dit dans ce traité du 1er mars 1823, et la teneur des présentes, *il pouvait arriver que les concessionnaires exploitassent les mines de houille de madame Praire, ils seront tenus indépendamment des dommages-intérêts auxquels donnerait lieu l'inexécution du présent acte et la perte de ses droits pour former opposition ou pour concourir pour la concession, de lui payer la redevance que la loi attribue aux propriétaires de la surface, d'après une estimation d'experts par justice eu égard à la puissance des mines, à leur profondeur et autres circonstances qui influent sur le produit de l'exploitation.* »

On le voit, si la première partie de la convention était annulable, et encore avec dommages-intérêts, comme contraire aux vues d'une bonne conduite des travaux souterrains ou d'une bonne exploitation ; la deuxième, qui stipule pour le propriétaire de la surface qui n'exploitera pas, une redevance à dire d'experts, non-seulement n'est pas annulable, mais elle est déclarée valable et maintenue par l'art. 5 des clauses générales, annexé aux concessions litigieuses en 1825.

Qu'en exécution de cette stipulation, la redevance ait été fixée à l'amiable, ou à dire d'experts, plus tôt ou plus tard, peu importe, dès lors qu'il s'agit uniquement d'une convention reconnue valable et obligatoire.

Dira-t-on que la convention de 1836 entre la dame Praire et Deville n'était pas une suite et une exécution de celle de 1823, Deville n'étant pas un des concessionnaires primitifs?... Mais, outre qu'il était déjà, depuis plusieurs mois, devenu copropriétaire pour plus de demi de la concession, nous ferions remarquer que, peu importe la convention de 1836, puisqu'elle a été remplacée par celle de 1838, passée entre la Compagnie d'Outre-Furens et Deville qui a stipulé au nom et dans l'intérêt de madame Praire, la redevance qu'il lui avait promise en 1836.

Le traité entre la Compagnie d'Outre-Furens et Deville, représentant la dame Praire, n'était que l'exécution de la reserve de 1823 entre la dame Praire représentée par Deville, et la Compagnie d'Outre-Furens représentant tous les anciens concessionnaires.

Cette convention était couverte et garantie sans difficulté possible par l'art. 5, des clauses générales de 1825 qui ont régi toutes les concessions jusqu'en 1842.

« Considérant, dit justement l'arrêt attaqué, que la dame Praire aurait pu traiter elle-même ; que si, restée maîtresse des droits que lui conférait la convention, elle se fût entendue avec le concessionnaire et les lui eût retrocédés, soit contre une somme d'argent, soit contre une stipulation de redevances, un traité pareil indubitablement échapperait à toute critique et défierait toute atteinte.

« Que ce que madame Praire aurait pu faire, Deville son concessionaire l'a fait pour elle ; que rapportant à la concession tous les droits qu'il tenait de sa cédante, il a stipulé en échange, non-seulement l'obligation de payer à sa décharge les redevances dont il était tenu à l'égard de la dame Praire, mais encore pour lui-même, une certaine part d'intérêts ; que, ne demandant pas la nullité du traité, en ce qui concerne l'avantage qu'il procure à Deville, et impuissante à l'obtenir, la Compagnie ne peut l'obtenir davantage, en ce qui concerne la stipulation que Deville lui-même ne pourra plus rétracter aujourd'hui, la dame Praire, par la réclamation qu'elle a faite des redevances, ayant suffisamment témoigné l'intention d'en profiter. »

L'arrêt a donc eu raison de rejeter ce moyen de nullité proposé par la Compagnie.

Nous abordons maintenant une dernière difficulté soulevée par la Compagnie demanderesse.

Elle soutenait que les droits cédés par madame Praire à Deville et par celui-ci aux auteurs de la demanderesse, se seraient étendus, pour une faible partie, sous la concession du Cros, appartenant à M. de la Rochetaillée, où la Compagnie des houillères ne peut porter son exploitation, ce qui, pour la partie dont il s'agit, la soumettrait à une éviction.

Mais l'arrêt répond en fait :

« Qu'en traitant avec Deville en 1838, l'auteur de la Compagnie des houillères *savait très-bien que le droit d'extraction, qui lui était apporté, débordait pour une très-faible part sur la concession de Cros; qu'il n'est pas admissible qu'il pût de ce chef obtenir, ni la résolution du traité, ni même une diminution de prix, etc.* »

Ce motif est plus que suffisant pour faire rejeter la critique qui s'attacherait à ce chef.

La Compagnie a connu la situation ; elle ne saurait donc se plaindre ; l'éviction paraît, d'ailleurs, de si peu d'importance, qu'elle ne pourrait demander ni la résolution, ni une diminution de prix, surtout alors que son exploitation n'a nullement été entravée.

Mais en admettant qu'elle pût demander une diminution du prix, il faudrait qu'elle l'eût payé ou qu'on l'exigeât d'elle. Or, comme le fait remarquer l'arrêt, madame Praire n'a jamais rien exigé pour cette fraction de la mine, puisque la redevance ne lui est payée qu'en proportion du périmètre exploité.

Si cette prétention de la Compagnie n'était pas une pure chicane, si elle était sérieuse, c'était contre M. Deville qu'elle aurait dû la diriger, lui qui a stipulé à son profit des rémunérations d'un autre genre. Mais elle ne saurait s'affranchir de la stipulation de ce traité intéressant la dame Praire, pendant qu'elle respecte celles qui ont été faites au profit de M. Deville et qui sont autrement onéreuses.

Le refus de la Compagnie doit donc être condamné à tous les points de vue et le pourvoi complétement rejeté.

A. BOSVIEL,

*Avocat à la Cour de cassation.*

www.ingramcontent.com/pod-product-compliance
Lightning Source LLC
Chambersburg PA
CBHW060919050426
42453CB00010B/1817